AF314865

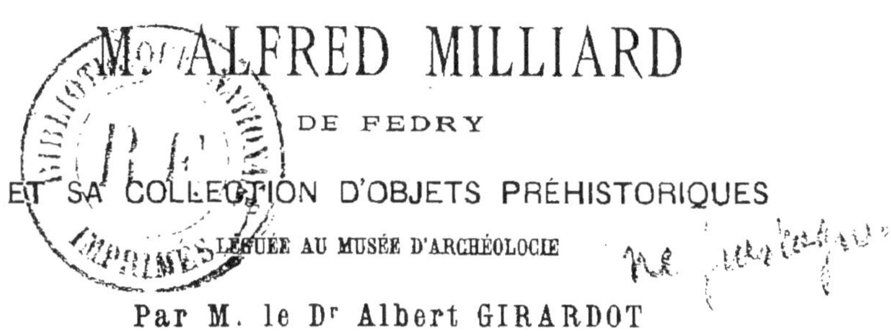

M. ALFRED MILLIARD

DE FEDRY

ET SA COLLECTION D'OBJETS PRÉHISTORIQUES

LÉGUÉE AU MUSÉE D'ARCHÉOLOGIE

Par M. le Dr Albert GIRARDOT

Extrait des Mémoires de la Soc. d'Emul. du Doubs. 7ᵉ série, t. VI, 1901

Il y a quelques mois, en vous rendant compte de l'ouvrage de M. E. Chantre, « L'homme quaternaire dans le bassin du Rhône », je vous rappelais les nombreuses découvertes d'objets intéressants des temps préhistoriques, dont la Franche-Comté a été le thâtre, et j'exprimais le regret de voir un grand nombre de ces pièces dispersées dans divers musées, en dehors de notre pays, et vraisemblablement perdus, à tout jamais, pour nous. Aujourd'hui, je suis heureux de vous annoncer qu'une collection très importante des produits de l'industrie humaine, pendant les âges de la pierre, vient d'être léguée au musée d'archéologie de Besançon, par son auteur M. Alfred Milliard, notre confrère, récemment décédé, en considération de la Société d'Emulation du Doubs, et des services qu'elle a rendus depuis sa fondation, et qu'elle rend encore journellement, à la science et à la province.

M. Milliard était né à Paris, il y avait fait ses premières études et son droit, puis il était entré dans l'administration des télégraphes ; sa santé, assez délicate, ne lui permit pas de suivre cette carrière jusqu'à l'âge de la retraite, et de bonne heure, il vint se fixer à Fédry, dans la Haute-Saône, au milieu de ses propriétés. A Paris, il s'était occupé de littérature, et avait publié quelques articles dans différentes revues, et même un livre de poésies ; à Fédry, sans négliger les lettres, car il y écrivit encore un second volume de vers, il se passionna pour l'histoire locale et surtout pour l'archéologie préhistorique. Il parcourut, à bien des reprises, le territoire de sa commune, l'examinant pied à pied, recueillant tous les débris de l'industrie humaine primitive qu'il rencontrait, et inscrivant scrupuleusement le point où chacun d'eux avait été trouvé. C'est ainsi qu'il parvint à rassembler une importante collection, d'une valeur scientifique indiscutable, parce que toutes ses pièces ont une origine bien connue, et une authenticité absolue.

Le village de Fédry est situé sur la rive droite de la Saône, à l'ouverture d'une vallée, dirigée du nord-ouest au sud-est, qui sépare deux groupes de collines peu élevées, entrecoupées de dépressions plus ou moins profondes. Une plaine d'alluvions actuelles, d'un kilomètre de largeur, la sépare de la rivière à l'est, et tout autour de lui, dans les autres directions, le sol est formé de terrain jurassique, recouvert, au nord-ouest, par des argiles tertiaires et, au nord, par un dépôt de transport plus récent, qui renferme des chailles, provenant des couches jurassiques, et des cailloux roulés, d'origine vosgienne.

Cette situation était des plus avantageuses pour l'homme primitif : à proximité d'une rivière poissonneuse, au milieu de forêts peuplées de toutes sortes de gibiers, il trouvait facilement les moyens de subvenir à son existence, en même temps qu'il rencontrait à la surface de la nappe alluviale du nord, des galets de roche dure avec lesquels il pouvait façonner ses instruments. Aussi, s'y montra-t-il dès les débuts de l'âge de la pierre, comme en témoignent les haches taillées du type de Chelles, recueillies par M. Milliard ; elles sont rares dans sa collection, sans doute parce que les premiers habitants étaient, eux-mêmes, peu nombreux dans le pays. Quelques instruments, de forme moustérienne, indiquent aussi la présence de l'homme de ce temps dans la contrée ;

mais aucun objet ne peut être rapporté aux deux dernières époques paléolithiques; la région était alors probablement inhabitée. Il en fut tout autrement à l'âge de la pierre polie; l'homme n'était plus alors un nomade qui séjournait peu dans cet endroit, mais un véritable habitant qui y vivait à demeure; c'est au moins ce que l'on peut conclure des stations reconnues par M. Milliard, qui lui ont procuré un très grand nombre de débris de l'industrie néolithique. L'une d'elles est située au nord du village, sur la hauteur *des Charmonnots*, elle est peu importante et a fourni seulement quelques instruments. Une autre, beaucoup plus riche, occupe une grande étendue de terrain sur le flanc d'une colline, au lieudit *les Billardes*, point d'où l'on domine la vallée de la Saône, et dans le voisinage immédiat d'une vaste dépression du sol, *la Combe Voiron*, où les premiers habitants pouvaient se dissimuler complètement et rapidement, à la moindre alerte. La troisième station a été découverte à la partie supérieure d'un faible monticule, au milieu de la plaine qui borde la Saône, au lieudit *la Planche;* elle a donné un nombre assez considérable de silex travaillés. M. Milliard a recueilli encore, en différents points, sur le territoire de Fédry et aussi sur le territoire des communes voisines, d'intéressants débris de l'industrie humaine des âges de la pierre et du bronze, qui figurent tous dans sa collection, ainsi que plusieurs pièces de même nature trouvées dans les dragages de la Saône.

Telle est, en résumé, l'origine et la composition de cette collection que M. Milliard a léguée à notre musée d'archéologie; son importance et sa valeur n'échapperont à personne. Le musée de Besançon, pourvu de tant et de si précieuses reliques de la période gallo-romaine, est beaucoup moins riche en spécimens des âges de la pierre. Il ne possède aucune pièce paléolithique, mais seulement une série d'objets néolithiques, provenant de la grotte de Courchapon, et quelques exemplaires de marteaux, de haches et de scies, en

roche dure polie, rapportés du Danemark par M. le comman-
dant Bial, très beaux, sans doute, mais auxquels nous préfé-
rons les trouvailles faites dans notre province, comme pré-
sentant pour nous un plus grand intérêt.

Nous conserverons toujours un souvenir reconnaissant à
la mémoire de M. Alfred Milliard qui, par ses investigations
méthodiques et persévérantes, a pu jeter quelque clarté sur
un des points les plus obscurs du passé de notre Franche-
Comté, et qui nous a fait don gracieusement de toutes les
pièces recueillies au cours de ses patientes recherches. Nous
n'oublierons pas non plus que Madame Milliard a tenu à exé-
cuter scrupuleusement ses dernières volontés, et s'est em-
pressée de nous remettre sa précieuse collection, suivant
le désir qu'il en avait exprimé ; c'est pourquoi je me fais, ici,
l'interprète de vos sentiments unanimes, j'en suis certain,
en lui adressant le témoignage de la vive gratitude de la Société d'Emulation du Doubs.

CATALOGUE DE LA COLLECTION DE M. ALFRED MILLIARD

I. — Age de la Pierre taillée.

1. ÉPOQUE DU CHELLES

2 haches taillées dans des chailles.
5 haches taillées en quartzite.

2. ÉPOQUE DE MOUSTIER

4 lames, 16 pointes en silex ; 14 lames, 11 pointes et 4 poinçons en quartzite provenant *des Billardes.*
6 pointes trouvées *aux Charmonots.*
1 pointe, 1 grattoir, 1 lame, recueillis *aux Chanois.*
Des pointes et des éclats de silex, de la même époque, ont été récoltés aussi sur différents points du territoire de Fédry et se trouvent dans la collection.

II. — Age de la Pierre polie.

STATION DES BILLARDES

18 percuteurs, 36 nucleus, 50 pointes ou fragments de pointes de flèches, 7 haches entières en amphibolite schistoïde, 2 haches entières en serpentine, 20 fragments de haches, 1 ciseau poli, 9 lames en silex retaillées, 40 grattoirs et un très grand nombre de burins, perçoirs, poinçons et éclats divers.
6 molettes, 4 polissoirs en grès ; un fragment de meule dormante en granit ; des fragments de poterie grossière très épaisse, sans ornements ni goulot.

STATION DES CHARMONNOTS

2 percuteurs, 5 nucleus, 9 pointes de flèches, 1 hache polie entière, 2 fragments de hache en amphibolite schistoïde, 10 grattoirs, 1 lame retaillée.

STATION DE LA PLANCHE

30 nucleus, 2 ou 3 fragments de percuteurs, 1 pointe de trait, 20 pointes de flèches, 1 débris de hache en amphibolite schistoïde, 16 grattoirs, 52 lames et une grande quantité de débris d'instruments et d'éclats de silex.

Des débris de poterie, en grands fragments, dont l'un d'eux présente une petite anse.

TROUVAILLES ISOLÉES

A la Planche au Saint : 4 pointes de flèches, des grattoirs et fragments de lame.

Au Chanois : 1 hache polie en amphibolite schistoïde.

Derrière le Chanois : 1 fragment de hache polie.

En Vaugeon : 1 hache polie.

Au dessus des côtes : 1 pointe de flèche triangulaire.

OBJETS RETIRÉS DU LIT DE LA SAÔNE

Lames en silex, 1 grattoir, 1 gros éclat de silex.

La collection comprend encore un grand nombre d'instruments entiers ou fragmentés, recueillis sur les territoires voisins de Fédry et, parmi eux, de nombreuses pièces provenant du célèbre atelier préhistorique d'Etrelles.

BESANÇON. — IMPRIMERIE DODIVERS.

263